GUIDE DES CANDIDATS

AUX EMPLOIS DE

COMMISSAIRE DE POLICE

OU

D'INSPECTEUR SPÉCIAL

DE LA POLICE DES CHEMINS DE FER

CONFORME

AUX DERNIÈRES INSTRUCTIONS MINISTÉRIELLES

3e ÉDITION

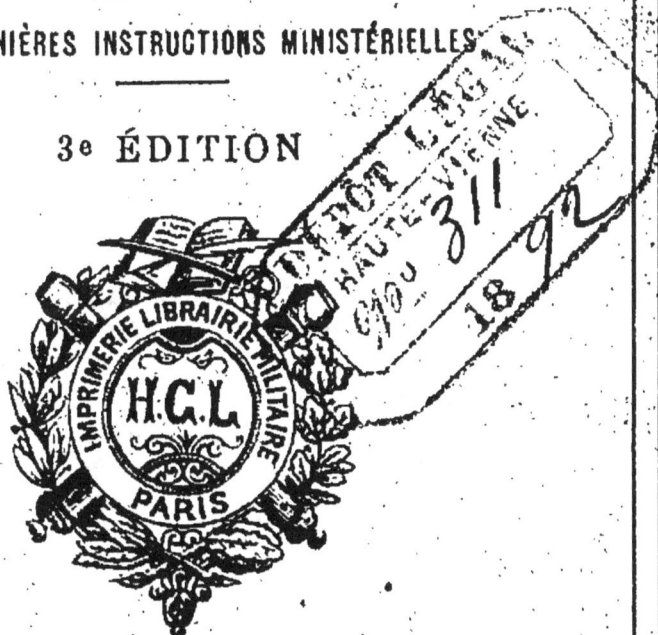

PARIS   LIMOGES

11, Place St-André-des-Arts. | 46, Nouvelle route d'Aixe, 46

HENRI CHARLES-LAVAUZELLE

Éditeur militaire.

1892

GUIDE DES CANDIDATS

AUX EMPLOIS DE

COMMISSAIRE DE POLICE

OU

D'INSPECTEUR SPÉCIAL

DE LA POLICE DES CHEMINS DE FER

CONFORME

AUX DERNIÈRES INSTRUCTIONS MINISTÉRIELLES

3e ÉDITION

PARIS | LIMOGES
11, Place St-André-des-Arts. | 46, Nouvelle route d'Aixe, 46

Henri CHARLES-LAVAUZELLE

Éditeur militaire.

1892

GUIDE DES CANDIDATS

AUX EMPLOIS DE

COMMISSAIRE DE POLICE

OU

D'INSPECTEUR SPÉCIAL

DE LA POLICE DES CHEMINS DE FER

---

§ I

Conditions générales exigées des candidats.

Nul ne peut être appelé aux fonctions de commissaire de police ou d'inspecteur spécial de la police des chemins de fer :

1º S'il est âgé de plus de quarante ans ;

2º S'il n'a atteint sa vingt-cinquième année ;

3º S'il n'a été agréé par le Ministre de l'intérieur ;

4º S'il n'a été porté sur la liste d'admissibilité dressée à la suite d'un examen, conformément aux dispositions de l'arrêté ministériel du 22 janvier 1890.

Les candidats ne peuvent pas se présenter aux examens avant vingt-trois ans ; ils ne le peuvent plus après trente-cinq ans.

Toutefois, ceux qui justifient de cinq années de services militaires ou administratifs sont admis aux épreuves jusqu'à quarante ans. La liste des demandes parvenues au ministère de l'intérieur est close, chaque année, le 1er décembre.

§ II

Centres d'examen.

Les examens écrits ont lieu, chaque année, du 15 au 30 janvier, à Paris, au ministère de l'intérieur, et au chef-lieu de chaque département, à l'Hôtel de la préfecture.

Les examens oraux ont lieu du 15 au 30 avril suivant.

Des commissions pour les examens oraux sont constituées dans les villes ci-après désignées :

A Lille (départements du Nord et du Pas-de-Calais) ;

A Amiens (Somme, Aisne, Oise);

A Nancy (Meurthe-et-Moselle, Ardennes, Meuse, Vosges);

A Besançon (Doubs, Haute-Saône, Jura, Haut-Rhin);

A Chambéry (Savoie, Haute-Savoie) ;

A Grenoble (Isère, Drôme, Hautes-Alpes) ;

A Marseille (Bouches-du-Rhône, Var, Alpes-Maritimes, Basses-Alpes, Vaucluse) ;

A Nîmes (Gard, Lozère, Ardèche) :

A Montpellier (Hérault, Aude, Pyrénées-Orientales, Aveyron) ;

A Toulouse (Haute-Garonne, Ariège, Tarn, Tarn-et-Garonne) ;

A Agen (Lot-et-Garonne, Lot, Gers) ;

A Pau (Basses-Pyrénées, Hautes-Pyrénées, Landes) ;

A Bordeaux (Gironde, Dordogne, Charente) ;

A Poitiers (Vienne, Deux-Sèvres, Vendée, Charente-Inférieure, Indre-et-Loire) ;

A Rennes (Ille-et-Vilaine, Loire-Inférieure, Morbihan, Finistère, Côtes-du-Nord) ;

A Angers (Maine-et-Loire, Sarthe, Mayenne) ;

A Caen (Calvados, Orne, Manche) ;

A Rouen (Seine-Inférieure, Eure) ;

A Paris (Seine, Seine-et-Oise, Eure-et-Loir, Seine-et-Marne, Marne, Aube) ;

A Orléans (Loiret, Loir-et-Cher) ;

A Dijon (Côte-d'Or, Yonne, Haute-Marne, Saône-et-Loire) ;

A Bourges (Cher, Indre, Nièvre) ;

A Lyon (Rhône, Loire, Ain);

A Limoges (Haute-Vienne, Creuse, Corrèze);

A Clermont-Ferrand (Puy-de-Dôme, Allier, Cantal, Haute-Loire);

A Ajaccio (Corse).

§ III

Pièces à fournir.

Les candidats doivent adresser au Ministre de l'intérieur :

1° Une demande d'emploi, dans laquelle ils indiquent s'ils connaissent une ou plusieurs langues étrangères ;

2° Une expédition authentique de leur acte de naissance ;

3° Un certificat établissant qu'ils possèdent la qualité de Français ;

4° Un certificat de moralité, délivré par le maire de la résidence et dûment légalisé ;

5° Un extrait du casier judiciaire ;

6° Un certificat de médecin, dûment légalisé, constatant que les candidats sont de bonne constitution et exempts de toute infirmité les rendant impropres à faire un service actif ;

7° L'acte constatant qu'il ont satisfait à la loi sur le recrutement ;

8° Des attestations faisant connaître les antécédents des candidats et les études auxquelles ils se sont livrés ;

9° Des états de services, diplômes, certificats, etc., qui auraient pu leur être délivrés. ou des copies de ces pièces, dûment certifiées.

La demande et les pièces qui y sont annexées sont envoyées par le Ministre au préfet du département dans lequel réside le candidat au jour de la demande.

§ IV

Réunion et composition des commissions d'examen.

Chaque préfet fait, pour son département, la liste des candidats, qu'il avise, au moins quinze jours à l'avance, de la date de l'examen.

Dans le département de la Seine, le préfet de police est chargé de dresser la liste des candidats et de leur donner l'avis susmentionné.

Les commissions d'examen sont composées, à Paris :

Du directeur de la sûreté générale ou de son délégué ;

Du procureur de la République ou de l'un de ses substituts ;

D'uu conseiller de préfecture délégué par le préfet de la Seine ;

D'un inspecteur primaire délégué ;

D'un ou plusieurs professeurs de langues étrangères ;

D'un commissaire de la police spéciale des chemins de fer, délégué.

La commissiou désigne son secrétaire.

Dans les départements :

Du préfet, ou, en cas d'empêchement, du secrétaire général de la préfecture ;

Du procureur de la République, ou, en cas d'empêchement, de l'un de ses substituts ;

De l'inspecteur d'académie, ou, en cas d'empêchement, d'un inspecteur primaire ;

D'un conseiller de préfecture ;

D'un ou de plusieurs professeurs de langues étrangères ;

D'un fonctionnaire de la police locale (commissaire spécial, commissaire central ou commissaire de police), délégué par le préfet.

La commission désigne son secrétaire.

§ V

Dispositions relatives à l'examen à subir.

Nul ne peut être admis plus de trois fois aux épreuves de l'examen.

Pour être admis à subir une deuxième ou troisième épreuve, tout candidat doit adresser au Ministre de l'intérieur, avant le 1er décembre, une nouvelle demande, dans laquelle il indique la date et le lieu où il a passé son dernier examen.

Sont dispensés de l'examen les candidat munis du diplôme de bachelier ès lettres ou de celui de bachelier ès sciences.

Les sous-officiers des armées de terre ou de mer qui se trouvent dans les conditions prescrites par la loi du 24 juillet 1873, pour obtenir des emplois civils, continuent à subir l'examen, suivant le mode déterminé par le décret du 28 octobre 1874, portant règlement d'administration publique.

L'examen est divisé en deux parties : l'épreuve écrite et l'épreuve orale.

L'épreuve orale est publique.

Le candidat ne peut être admis aux épreuves orales que s'il a subi avec succès les épreuves écrites.

§ VI

Programme de l'examen

L'examen porte sur les matières suivantes :

1° *Epreuve écrite :*

1° Rédaction d'un procès-verbal ou d'un rapport sur une affaire de service.

Le sujet de la composition est le même pour tous les candidats; il est choisi par le directeur de la sûreté générale et envoyé sous pli cacheté à MM. les préfets, pour le jour même de l'examen.

Le préfet délègue le secrétaire général de la préfecture ou un conseiller de préfecture pour dicter le sujet de la composition et surveiller le travail des candidats. Le pli cacheté, contenant le sujet de la composition, est ouvert par ce fonctionnaire délégué, en présence des candidats, au moment fixé pour l'épreuve.

Ce fonctionnaire dresse un procès-verbal de l'épreuve et le remet, avec les compositions, au préfet, qui envoie ces pièces, le jour même de cette épreuve, au ministère de l'intérieur (direction de la sûreté générale).

La composition écrite est faite en trois heures.

Les candidats qui ont déclaré connaître une ou plusieurs langues étrangères sont tenus de faire, le même jour et dans la même séance, un thème relatif à la langue ou aux langues étrangères indiquées. Une demi-heure est accordée pour cette épreuve.

Quatre notes sont données pour l'épreuve écrite, savoir :

Valeur relative.

1º Pour l'écriture................ 1
2º Pour l'orthographe. 2
3º Pour la rédaction.............. 3
4º Pour les langues étrangères..... 3

2º *Epreuve orale.*

I. — Arithmétique : Numération décimale. Addition, soustraction, multiplication, division. Preuves de ces opérations. Nombres décimaux. Fractions. Système légal des poids et mesures (valeur relative) 2

II. — Histoire et géographie : Notions sommaires d'histoire de France. Géographie physique de la France. Frontières maritimes et continentales. Chaines de montagnes, bassins et fleuves, rivières et lacs. Departements. Chefs-lieux. Villes principales. Réseaux de chemins de fer (valeur relative) 2

III. — Notions de droit pénal : Du délit en général. Définition et distinction des crimes, délits et contraventions. Tentative et commencement d'exécution. Des

peines en matière criminelle et correction-
nelle et de leurs effets. Notions sur la cul-
pabilité et la non-culpabilité. Eléments
constitutifs du délit. Circonstances aggra-
vantes. Excuses. Circonstances atténuan-
tes. Complicité. Connexité. Auteurs. Coau-
teurs. Complices. Des faux commis dans
les passeports, feuilles de route et certificats. De la corruption des fonctionnaires
publics. Des abus d'autorité contre les
particuliers. Rébellion, outrages et vio-
lences contre les dépositaires de l'autorité
et de la force publique. Dégradation des
monuments. Vagabondage et mendicité.
Délits commis par la voie d'écrits, images
et gravures. Des associations et réunions
illicites. Meurtres. Menaces. Blessures et
coups volontaires ou involontaires. Atten-
tats aux mœurs. Arrestations illégales.
Faux témoignage. Calomnies. Injures.
Vol. Escroqueries. Abus de confiance.
Infractions commises par les expéditeurs
et par les voyageurs. Destructions. Dégra-
dations. Dommages. Peines de police (valeur relative) 3

IV. — Notions d'instruction criminelle :
Action publique et action civile. Délits
commis sur le territoire et hors du territoire. Police judiciaire. Officiers de police
judiciaire. Moyens d'information. Procès-

§ VII

Valeur des notes attribuées à chaque épreuve.

Afin d'arriver à une appréciation exacte du mérite relatif des candidats, il est attribué à chacune des parties du programme une note exprimée par des chiffres qui

varient de 0 à 20 et qui ont respective-
ment les significations ci-après :

0	....	Néant.
1 2	....	Très mal.
3 4 5	....	Mal.
6 7 8	....	Médiocrement.
9 10 11	....	Passablement.
12 13 14	....	Assez bien.
15 16 17	....	Bien.
18 19	....	Très bien.
20	....	Parfaitement.

Chacune de ces notes est multipliée par
les nombres ou coëfficients exprimant la
valeur relative de la partie du programme
à laquelle elle se rapporte.

La somme de ces produits forme le total
des points obtenus pour l'ensemble des
épreuves.

Une commission supérieure est insti-
tuée au ministère de l'intérieur pour l'examen des épreuves écrites. Les membres
de cette commission sont nommés par le
Ministre. Ils dressent une liste des candidats à admettre aux épreuves orales,
d'après le nombre des points qu'ils ont
obtenus et égale au double des vacances
prévues dans le courant de l'année.

§ VIII

Dispositions diverses.

Le résultat des épreuves écrites et orales est consigné, pour chaque candidat, sur un tableau conforme au modèle ci-annexé.

Immédiatement après les épreuves orales, le préfet envoie au ministère de l'intérieur (direction de la sûreté générale), accompagnés du procès-verbal de cette opération, les tableaux individuels constatant le résultat de ces épreuves, ainsi que toutes les pièces jointes à la demande du candidat et énumérées au paragraphe III.

Le Ministre de l'intérieur arrête une liste d'admissibilité aux emplois de commissaire de police et d'inspecteur spécial de police sur les chemins de fer. Cette liste est composée des candidats qui ont obtenu le plus grand nombre de points dans les épreuves écrites et orales. Le nombre des admissibles est égal au nombre des vacances prévues dans le courant de l'année, Les candidats, admis ou non, sont avisés immédiatement de la décision prise à leur égard.

ANNEXE

NOM :

PRÉNOMS :

AGE :

RÉSULTAT DE L'EXAMEN DU

ÉPREUVE ORALE.	Langues étrangères......	« ✕ 3 = »
	Histoire et géographie de la France...........	« ✕ 2 = »
	Arithmétique.	« ✕ 2 = »
	Notions sur les attributions des fonctionnaires judiciaires, administratifs et militaires...........	« ✕ 2 = »
	Notions d'instruction criminelle.........	« ✕ 3 = »
	Notions de droit pénal. ..	« ✕ 3 = »
	Législation des chemins de fer.	« ✕ 1 = »

TOTAL........ « ✕ » = »

Paris et Limoges. — Imp. milit. Henri Charles-Lavauzelle.

www.ingramcontent.com/pod-product-compliance
Lightning Source LLC
Chambersburg PA
CBHW050449210326
41520CB00019B/6132